Christenthum und Sozialismus

Christenthum und Sozialismus

–

Eine religiöse Polemik

zwischen

Herrn **Kaplan Hohoff** in Hüffe

und

**A. Bebel**

(dem Verfasser der Schrift: **Die parlamentarische
Thätigkeit des Deutschen Reichstags und der
Landtage und die Sozialdemokratie**)

Abschrift der Ausgabe von 1906

Editorische Vorbemerkung: Grundlage der vorliegenden Abschrift bildet die 16-seitige Agitations-Ausgabe von „Christenthum und Sozialismus", die 1906 im Verlag Buchhandlung Vorwärts, Berlin SW. 68 (*Ernst Preczang*, Berlin=Rahnsdorf) erschien. Im Original durch Sperrdruck hervorgehobene Passagen werden durch Kursivschrift wiedergegeben. Zur besseren Übersicht wurde dem Text ein Inhaltsverzeichnis beigegeben.

Bibliografische Information der Deutschen Nationalbibliothek: Die Deutsche Nationalbibliothek verzeichnet diese Publikation in der Deutschen Nationalbibliografie; detaillierte bibliografische Daten sind im Internet über http://dnb.dnb.de abrufbar.

Herstellung und Verlag:
BoD – Books on Demand, Norderstedt

ISBN: 978-3-7519-9995-3

# Inhaltsverzeichnis

## Vorwort zur neuen Auflage.

Das vorliegende Schriftchen, das vor siebenundzwanzig Jahren zum ersten Mal erschien und seitdem, ich weiß nicht wieviel Auflagen erlebte, soll aufs Neue in die Welt gesandt werden. Das spricht dafür, daß sein Inhalt nicht veraltet ist.

Was aus meinem damaligen Widerpart, dem ehemaligen Kaplan Wilhelm Hohoff in Hüffe geworden ist, weiß ich nicht. Die Fragen aber, um die wir uns damals stritten, stehen noch heute im Vordergrund des Interesses, wenn auch der sogenannte Kulturkampf, der in den Jahren 1873 und 1874 seinen Siedepunkt erreichte, zu dem Gewesenen gehört und endete, wie ich es in meiner im Herbst 1873 erschienenen Schrift: „Die parlamentarische Tätigkeit des Deutschen Reichstags und der Landtage" und in der vorliegenden Polemik zwischen Kaplan Hohoff und mir vorausgesagt hatte.

Der Inhalt des vorliegenden Schriftchens hat im Laufe der Jahre heftigen Widerspruch und fanatische Anfechtung gefunden, was beweist, daß die ausgeteilten Hiebe gesessen haben, ihre Wiederveröffentlichung ist aber gegenwärtig erst recht am Platze, wo von höchster Stelle immer wieder das Wort fällt: „Die Religion muß dem Volke erhalten werden", und die deutsche Bourgeoisie ihre freigeistigen Traditionen längst vergessen hat und in der Kirche eine ihrer Hauptstützen für die Aufrechterhaltung ihrer Klassenherrschaft erblickt.

Welch ein gewaltiger Unterschied zwischen dem Bürgertum von ehedem, das dem Voltaire'schen *Ecrasons l'infâme* (Vernichten wir die Infame: die Kirche!) und den atheistischen Lehren eines Feuerbach und David Strauß jubelnden Beifall zollte, und dem Bürgertum von heute, das religiöse Anschauungen zu haben behauptet, an die es nicht glaubt, und religiöse Bestrebungen unterstützt, die ihm innerlich zuwider sind. Alles aus Furcht vor der heranstürmenden Sozialdemokratie.

Täuscht aber nicht Alles, so beginnt das zwanzigste Jahrhundert wieder mit einem Kampfe gegen Kirchen und Dogmentum und gegen die Anmaßungen eines herrschsüchtigen Priestertums, das wieder seine Zeit gekommen glaubt, um dem Volk den Fuß auf den Nacken setzen zu können. Aber die immer weiter in die Massen eindringenden Resultate der Naturwissenschaften und der Geschichtsschreibung und die Erkenntnis der ökonomischen Tatsachen, die allen religiösen Theorien Hohn sprechen, bereiten den Boden, auf dem ein neuer Kulturkampf entsteht, der jedoch von der Halbheit des bürgerlichen Kulturkampfes ebensoweit entfernt ist, als die bürgerlichen Freiheits= und Gleichheitsbestrebungen von den sozialistischen Zielen.

*Schöneberg*=Berlin, den 28. April 1901.

**A. Bebel.**

*An die verehrlichte Redaktion des „Volksstaat" zu Leipzig.*

Sie geben in dem Leitartikel in Nr. 114 des „Volks-staat" vom 21. November einen Passus wieder aus einer in Ihrem Verlage erschienenen Broschüre, die den Titel hat: „Die parlamentarische Thätigkeit des Deutschen Reichstags und der Landtage und die Sozialdemokratie."

In demselben wird unter Anderem die Behauptung aufgestellt, daß Staat und Kirche sich „brüderlich unterstütz-ten, wenn es das Volk zu knechten, zu verdummen und aus-zubeuten gilt"; die katholische Geistlichkeit und der moder-ne Staat seien „vollständig einig, wenn es sich um Unter-drückung des Volkes handelt"; die Priesterschaft sei stets „für den Rückschritt und die Barbarei eingetreten".

Da ich nun Mitglied der katholischen Kirche so-wohl als des katholischen Klerus bin, und als Geistlicher verpflichtet bin, eine Kleidung zu tragen, die es Jedem, der mich sieht, sofort anzeigt, daß ich der katholischen Priester-schaft angehöre, so werden Sie mir zugeben, daß ich persön-lich und speziell durch die obigen Anschuldigen mitgetrof-fen und vor allen Lesern des „Volksstaat", denen ich im Le-ben begegne, auf's Aeußerste kompromittirt erscheine. Ich sehe mich daher genöthigt, an Ihre Loyalität zu appelliren und Sie zu ersuchen, die folgende Vertheidigung und Recht-fertigung meiner selbst zur Kenntniß Ihrer Leser zu bringen. Ich glaube dies umsomehr fordern zu müssen und zu kön-nen, da ich außer meiner Ehre und meinem guten Namen nichts, rein gar nichts besitze, auf mich also im vollsten Sin-ne die Worte Anwendung finden würden: „Ehre verloren, Alles verloren!"

Sie sind ein Gegner der katholischen Religion; Sie sind desgleichen ein Gegner der liberalen Bourgeoisie. Wenn die Söldlinge dieser letztern Ihnen die Sünden der Tölckianer[1] aufbürden, so schreien Sie aus Leibeskräften

---

1  Redewendungen, die auf Rechnung der damaligen Strei-

über das Ihnen geschehene Unrecht und sagen mit Recht, man dürfe nicht den Sozialismus verantwortlich machen für dasjenige, was einzelne Menschen thuen, die sich Sozialisten nennen, und Sie lehnen jede Solidarität mit den Hasenclever=Hasselmännern[2] ab. Zu meinem großen Befremden muß ich aber sehen, daß Sie gegenüber dem Ultramontanismus und dem ultramontanen Klerus in denselben Fehler fallen, den Sie an den Liberalen so scharf rügen. Sie machen die Kirche verantwortlich für die Fehler und die Religion für die Mängel und Sünden ihrer Bekenner; Sie legen der Gesammtheit zur Last, was Einzelne verschuldet; Sie verdammen den Schuldigen mit dem Unschuldigen. Oder nennen Sie mir ein Laster, einen Uebelstand – soweit er nicht in der Natur alles Irdischen begründet ist – eine Ungerechtigkeit und Nichtswürdigkeit, die nicht von der katholischen Religion und von der katholischen Kirchenlehre streng verboten und verpönt wäre. Nennen Sie mir irgend etwas, das von Ihnen für schändlich und verwerflich gehalten und dessen Beseitigung von Ihnen angestrebt wird, das nicht auch entfernt und beseitigt sein würde, wenn die Lehren der katholischen Religion befolgt würden. Nennen Sie mir irgend etwas Gutes, Edles, Wünschenswerthes, nennen Sie mir *eine* Tugend, welche nicht im Flor stände, wo man den Weisungen des Christenthums nachkömmt? Sie werden nicht dazu im Stande sein! Und darum werden Sie einräumen müssen, daß die Schuld von den Mißständen, die Sie tadeln, nicht am Katholizismus, nicht an der Religion und der Kirche liegt, sondern an den Menschen.

Wissen Sie nicht, das Tausende und Abertausende und Millionen von katholischen Christen und katholischen

---

tigkeiten zwischen den beiden sozialdemokratischen Richtungen zu setzen sind. D. H.

2  Redewendungen, die auf Rechnung der damaligen Streitigkeiten zwischen den beiden sozialdemokratischen Richtungen zu setzen sind. D. H.

Priestern seit 1800 Jahren buchstäblich die Worte Christi er-
füllt haben: „Wenn Du vollkommen sein willst, so gehe hin,
verkaufe Alles, was du hast, und gieb es den Armen und folge mir nach"? Wissen Sie nicht, daß ein Franz von Assisi,
ein Vincenz von Paula und zahllose Andere Millionen von
Thalern für die Armen gesammelt haben, daß sie ihr ganzes
Vermögen den Dürftigen und Nothleidenden schenkten und
aus Liebe zu Gott und ihren Mitmenschen die freiwillige Ar-
muth wählten, um mit den Armen arm zu sein? Wissen Sie
nicht, daß auch heute noch Tausende und Hunderttausende
von Katholiken und Priestern jenem Beispiele folgen?

Wenn z. B. der Bruder des Bischofs von Ketteler
die Husarenattila mit der rauhen Kutte des Kapuziner-
mönchs und das flotte Offiziersleben mit der strengen Or-
densaskese vertauscht, wenn ein fleißiger Student alle philosophischen Systeme von Sokrates und Pythagoras bis auf
Schopenhauer, Feuerbach, Lassalle und Marx prüft und
schließlich bei seinem wissenschaftlichen Forschen zu dem
Resultate gelangt, daß der Katholizismus das Beste und
Vollkommenste sei, wenn er deshalb Theolog und Priester
wird, um diese allein wahre und allein beglückende Doktrin
nach besten Kräften zu verbreiten: was, frage ich, giebt Ihnen dann das Recht, die Aufrichtigkeit und Lauterkeit seiner
Gesinnung in Abrede zu stellen und ihn „eigennütziger Heuchelei" zu beschuldigen?

Wenn solche Anklagen von Gegnern des Sozialismus gegen die Herren Liebknecht und Bebel erhoben werden, so weisen Sie voll tiefer Indignation auf die schlechte
Situation hin, in welche Sie durch die Vertretung Ihrer Prin-
zipien sich gebracht sehen. Nun wohl, auch mir wallt das
Blut ob solcher Anschuldigung und auch ich glaube dieselbe
durch den einfachen Hinweis auf die klägliche Stellung der
meisten katholischen Geistlichen in der Gegenwart entkräf-
ten zu können. Außer den Schulmeistern und den Nacht-
wächtern ist sicherlich keine Beamtenkategorie dürftiger be-

soldet als der niedere katholische Klerus. Ich kann Ihnen beweisen, daß ich pekuniär schlechter gestellt bin als ein Lakai oder eine Kammerjungfer. Und die Geringheit der Einkünfte ist noch das Allerwenigste; Haß und Verfolgung, Spott und Hohn – das ist heute der Antheil des katholischen Priesters!

Lassen Sie also nächstens niemals wieder den Spruch außer Acht: „Was du nicht willst, daß man dir thu', das füg' auch keinem Andern zu!"

Wenn man aber, so werden Sie jetzt vielleicht denken, auch nicht dem gesammten ultramontanen Klerus Heuchelei und Eigennutz vorzuwerfen berechtigt ist, so sind doch mindestens Diejenigen, welche es wirklich ernst und ehrlich meinen, überspannte Schwärmer und Narren. Falls Sie so sprächen, würde ich Sie schon eher entschuldigen können. Aber ich müßte es auch dann unbegreiflich finden, wenn die Sozialisten sich darüber wundern und beklagen, daß ihnen der gleiche Ehrentitel beigelegt wird.

Ich habe bisher geglaubt, daß die Redakteure des „Volksstaat" mehr Sittlichkeits= und Rechtlichkeitsgefühl besäßen als ihre Kollegen von der offiziösen und liberalen Presse; sonst würde ich diese kurze Defension nicht niedergeschrieben haben und nicht an Sie abgehen lassen. Ich hoffe, nicht enttäuscht zu werden."

*Hüffe* bei Pr. Oldendorf, 22. November 1873.

*Wilhelm Hohoff*, Kaplan.

*Mein Herr!*

Sie haben in Nr. 9 ein Schreiben veröffentlicht, worin Sie als ein „Diener der Kirche" sich gegen die Angriffe zu vertheidigen suchen, welche ich in der von mir herausgegebenen Bruschüre: „Die parlamentarische Thätigkeit des deutschen Reichstags u. s. w." gegen die Kirche und die Religion überhaupt erhoben habe. Ihre Vertheidigung erheischt eine Antwort, und zwar von mir als Verfasser jener Broschüre. Erfolgte diese nicht eher, so wollen Sie dies durch ein längeres Unwohlsein entschuldigen, das mich am Schreiben verhinderte, und fällt sie etwas länger aus, so mögen Sie daraus schließen, daß ich Ihre Einwände für wichtig und bedeutend genug halte, um sie in einer längeren Ausführung zu widerlegen.

Sie fühlen sich durch einige Stellen meiner Broschüre persönlich getroffen und verletzt, wozu Sie, wie Sie bei nochmaligem Durchlesen derselben vielleicht selber zugeben werden, keine Ursachen haben. Ich habe kirchliche Personen nicht angegriffen, ich habe nirgends bestritten, daß es unter den „Dienern der Kirche auch eine Anzahl gäbe, die aus innigster, ehrlichster Ueberzeugung ihrem Berufe obliegen"; ich konnte dies um so weniger, als ich einigermaßen die Präparanden=Anstalten kenne, welche bestimmt sind, junge, unbefangene und noch unwissende Gemüther zum „Dienste der Kirche" zurechtzukneten und zu erziehen. Ich gehe noch weiter: ich gebe zu, daß es Tausende von Männern giebt, selbst auf vorgeschrittener Bildungsstufe, welche mit Leib und Seele der Kirche und ihren Lehren ergeben sind, daß es Tausende und Abertausende giebt und Millionen gegeben hat, welche durch große Opfer aller Art sich ihr Seelenheil bei der Kirche zu erkaufen suchten. Aber was beweist das gegen die von mir entwickelten und hier in Frage stehenden Ansichten? Einfach nichts, absolut nichts. Dieselbe Opferwilligkeit, Selbstpeinigung und Askese, derselbe fanatische Glaube, mit welchem Millionen Menschen an dem Christenthum gehangen haben und noch hängen, alle diese Eigenschaften haben Millionen Anhänger des Judenthums, der Lehren des Buddha, des Confucius, des Muhamed bewiesen, sie alle können mit demselben Rechte wie Sie auf die Erfolge *ihrer* Religion, auf die Opfer *ihrer* Gläubigen hinweisen.

Wollte man statistisch feststellen, in welcher Religion Millionen von Menschen am eifrigsten geglaubt und gestrebt, die größte Entsagung, die größte Selbstpeinigung, die größte Aufopferung stattgefunden hat, es unterläge keinem Zweifel, die Religion des Buddha würde in allen Beziehungen den Katholizismus und das Christenthum überhaupt übertreffen.

Nach Ihrer Schätzung des Werthes der Religion müßte also eigentlich der Buddhaismus die wahre und wirkliche Religion sein und hätte ich mich einer großen Sünde schuldig gemacht, indem ich erklärte, daß trotz alledem der Buddhaismus so gut wie das Christenthum die Menschenentwicklung zur Freiheit und Selbständigkeit nur gehindert und unterdrückt habe. Sie selbst aber sind genöthigt, kraft der Lehren Ihrer Kirche den Buddhaismus als falsch, verkehrt, ketzerisch zu betrachten, obgleich sich mit Leichtigkeit nachweisen läßt, daß, was Moral und Sittenstrenge betrifft, der Buddhaismus nicht nur dem Christenthum vollständig ebenbürtig ist, sondern die Moralsätze, viele christliche Gebräuche und Dogmen aus dem älteren Buddhaismus in das 400 Jahre jüngere Christenthum herübergenommen sind.

Und hier kommen wir auf den Hauptkern der Frage. Was ist denn das Christenthum? Antwort: Wie jede andere Religion Menschenwerk. Der Mensch, der auf niedriger Kulturstufe keine klare Vorstellung von der Natur und von den Naturereignissen, die ihm bald nützten, bald ihn schädigten, besitzen kann, der keinen Begriff von seiner Stellung als Mensch besitzt, schiebt alles Unverstandene, das um ihn vorgeht, übersinnlichen Wesen zu, welche die für ihn unbegreiflichen Erscheinungen nach Laune und Willkür hervorriefen, deren Gunst er dann, um sie sich geneigt und freundlich gesinnt zu erhalten, durch Bitten, Gebete, Zeremonien und Opfer zu erlangen sucht. Je nach dem Bildungszustand der Völker, der in erster Linie von ihren materiellen Existenzbedingungen abhängt, ferner von der Bodenbeschaffenheit, dem Klima, nehmen die unverstandenen Naturgewalten als übersinnliche Wesen verschiedene Eigenschaften und Gestalten an. Demgemäß bildet sich auch die Verehrungsweise, die, da die Formen für dieselbe bald sehr kompliziert und verwickelt werden, von pünktlicher und gewissenhafter Verfolgung der religiösen Vorschriften aber Erfolg oder Nichterfolg bei den höchsten Wesen abhängt, Männern übertragen werden, die sich ausschließlich mit den religiösen Bedürfnissen befassen. Da hierzu naturgemäß nur die Klügsten und Gewandtesten gelangten, wurden diese auch die Herrschenden. So entstand die Priesterklasse, die unterstützt von den herrschenden Klassen jedes einzelnen Volks, es bei allen Völkern der Welt verstanden hat, in kurzer Zeit ihre Macht immer mehr auszudehnen, indem sie den Völkern den Glauben von ihrer Wichtigkeit und Unentbehrlichkeit immer stärker einzuflößen suchte und, um dies mit Erfolg zu können, von vornherein jeder Aufklärung und Weiterentwicklung des Menschen entgegen treten mußte. Zu der Unkenntniß der Natur und der Naturerscheinungen kamen noch Peinigungen und Gewaltsamkeiten der eigenen Herrscher oder fremder Völker und Herrscher, die nicht selten als selbstverdiente Strafen für begangenes Unrecht angesehen wurden und das Bedürfniß nach den religiösen Uebungen nur verstärkten. Häufig auch außer Stande, das Joch der Eroberer und Vergewaltiger aus eigener Kraft abzuschütteln, entwickelte sich die Hoffnung auf einen überirdischen Helfer, einen Messias, der zum Lohne für treue Verehrung der höchsten Wesen erscheinen und das Volk befreien werde. Diese und ähnliche Ideen, die bei fast allen alten Völkern mehr oder weniger ausgeprägt vorhanden waren, hatten in ganz besonderer Weise in Folge der historischen Entwickelung der kleinasiatischen und der angrenzenden afrikanischen Völker im Judenthum Platz gegriffen, aus dem später das Christenthum entstand. Und dieses trat keineswegs als eine fertige und abgeschlossene Religion, wie man uns zu lehren pflegt, auf die Bühne, sondern entwickelte sich erst allmälig zu einem Religionsgebäude, dessen Brauchbarkeit für die Unterdrückung der Menschheit bald von den herrschenden Klassen der damaligen Zeit erkannt wurde. Das Christenthum ist ebenso wenig „göttlicher Offenbarung" entsprossen, wie die übrigen bekannten Religionssysteme (Judaismus, Buddhismus, Muhamedanismus), deren Stifter mit der gleichen Entschiedenheit ihre göttliche Sendung betonten, wie dies vom mythischen Stifter der christlichen Religion geschehen sein soll. Und wie die Hunderte von Millionen Anhänger beweisen, welche die Glaubenslehren des Buddha, Confucius und Muhamed gefunden haben, sind diese eben so sehr von deren göttlicher Sendung überzeugt wie die Anhänger des Christenthums von der göttlichen Sendung Jesu.

Ich habe nicht, wie Sie behaupten, die philosophischen Systeme von Sokrates und Pythagoras bis auf Schopenhauer, Feuerbach, Lassalle und Marx geprüft – wobei ich bemerken will, daß es den beiden Letzteren nie eingefallen ist, ein philosophisches System aufzustellen. Die philosophischen Systeme von Lassalle und Marx dürfen Sie also aus Ihrem Wissensschatze streichen. – Aber ich habe mich ein bischen mit Kulturgeschichte und Naturwissenschaften beschäftigt und darnach gefunden, daß für ein denkfähiges und mit den Forschungen und Entdeckungen der Naturwissenschaft einigermaßen vertrautes Hirn es recht schwer sein muß, an das Christenthum als das „Beste und Vollkommenste" zu glauben. Die Thatsachen, welche die Naturwissenschaften über die Entstehung und das Alter der Erde, über die Entstehung und Entwickelung der Menschen in unwiderleglicher Weise festgestellt haben, rauben dem Christenthum den Boden, auf dem es steht, und bringen es zu Falle. Auch muß Ihnen so gut wie mir bekannt sein, daß die Gründungs= und Entwickelungsgeschichte des Christenthums von nichts weniger als göttlicher Abstammung zeugt, daß vielmehr Zank, Hader, Streit, gegenseitige Verfolgungssucht schon unter den ersten Christen in der abscheulichsten Weise sich breit machten und daß in allen diesen „Tugenden" Jene vorangingen, welche als „Lehrer und Diener der Kirche" mit dem entgegengesetzten Beispiel hätten vorangehen sollen.

Christus, dessen Existenz sehr nebelhaft, von dessen Lehren und Reden auch nicht ein von ihm selbst geschriebenes Wort vorhanden ist, wurde erst spät nach seinem Tode als Gottmensch verehrt. Jahrhunderte lange wütthete der Streit unter den Anhängern des Jesu darüber, ob Christus Gott gleich oder nur Gott ähnlich sei; erst im Jahre 325 wurde auf der Kirchenversammlung von Nicaa, wo es wie auf dem polnischen Reichstag herging und die Vertreter der beiden sich bekämpfenden Richtungen in der Christenheit in Ermangelung von Gründen sich mit Vorwürfen und gegenseitigen Beschimpfungen bedienten, und als das nicht mehr ziehen wollte, eine gründliche Prügelei vornahmen, die Zweieinigkeit von Gott und Christus endgiltig festgestellt. Die christlichen Lämmerhirten jener Zeit hatten das Bedürfniß, eine feststehende Ansicht über das Verhältniß von Christus zu Gott zu schaffen, weil der Streit unter den Priestern auch die Lämmer ergriff und viele der Gescheidteren und Denkenden stutzig machen mußte. So war der erste große Schritt zur Begründung der christlichen Kirche, d. h. zur Leithammelei der Masse im Interesse der herrschenden Klasse durch die christlichen Priester geschehen.

Im Widerspruch mit den Christen des Abendlandes hatte sich unter den Christen des Morgenlandes die Auffassung von einer *Dreiheit* des Gottes, wie sie auch in älteren Religionen z. B. der egyptischen sich gebildet hatte, entwickelt. Damit drohte eine neue Gefahr der Kirche, und so wurde denn 56 Jahre später, im Jahre 381, auf der Kirchenversammlung zu Konstantinopel, aus der Zweieinigkeit eine Dreieinigkeit geschaffen, indem man den heiligen Geist als Dritten im Bunde hinzufügte. Dieses ist die einfache und sehr weltliche Geschichte der göttlichen Dreieinigkeit, des höchsten Dogmas der christlichen Kirche. Sie werden zugeben, Herr Kaplan, daß rein menschliche Vorgänge, wie die hier geschilderten, sehr wenig geeignet sind, den Glauben an die Göttlichkeit des Christenthums zu befestigen, und daß es sich eben nur aus der großen Unbildung der Zeiten und der Unkenntniß, welche die Menschen über ihre Beziehungen zu Welt und zu Natur und Naturereignissen hatten und leider noch haben, erklären läßt, daß die auf diese Weise festgestellten Glaubenssätze Millionen Anhänger gefunden haben. Millionen Anhänger, die bis auf den heutigen Tag nur möglich waren, weil die so von den Kirchenversammlungen zusammengestellten, zusammengestrittenen und zusammengezankten Dogmen von Kirchen= und Staatswegen der Menschheit als „göttliche Offenbarungen" eingebläut und schon sozusagen mit der Muttermilch eingesogen wurden. Wenn es passirt, daß in der zweiten Hälfte des 19. Jahrhunderts noch Hunderttausende von Köpfen sich über das neu ausgeheckte Dogma von der Unfehlbarkeit des Papstes erhitzen, darf man sich nicht wundern, wie fast zwei Jahrtausende lang ein großer Theil der Menschheit an die Offenbarungen und Wunder des Christenthums glauben konnte.

Wie die heilige Dreieinigkeit erst durch die Priesterschaft geschaffen wurde, so erging es genau dem Heiligendienst. In den ersten Jahrhunderten wurden keine Bilder in den Kirchen geduldet, ja die Kirchenversammlung zu Elvira *verbot* sogar feierlichst, „die Gegenstände der Verehrung und Anbetung an den Wänden abzumalen." Eusebius

18

und Chrysostomus, zwei berühmte Kirchenväter, die um 390 nach Christi lebten, bezeichneten den Bildergebrauch als *Götzendienst*, und doch ist später die Heiligenanbetung und der Bilder= und Reliquiendienst in der christlichen Kirche so schlimm wie unter den schlimmsten „Heiden" getrieben worden und wird heute noch in der katholischen Kirche als Kultus gepflegt.

Der in der katholischen Kirche so viel bedeutende Rosenkranz ist eine Nachahmung desselben Gebrauchs bei den *alten Egyptern*, er war also auch bei „Heiden" vorhanden und dieselbe Einrichtung besteht in dem älteren Buddhismus.

Die Kindertaufe ist von Alters her als religiöse Vorschrift bei morgenländischen und teutonischen Völkern gebräuchlich gewesen; *erst im vierten Jahrhundert* wurde sie von den christlichen Priestern eingeführt und heute wird sie den Gläubigen als „ein von Gott eingesetztes Sakrament" bezeichnet und gelehrt. Das Abendmahl, welches nur eine Verchristlichung des bei den Juden gebräuchlichen Passahfestes ist, erhielt ebenfalls erst später seine jetzige Bedeutung. Das Nicäa'sche Glaubensbekenntniß, 325 nach Christi, enthält noch kein Wort davon. Das Passahfest der Juden wurde später die christlichen Ostern.

Der Teufelsglaube, der im Christenthum eine so große Rolle spielt, namentlich im Protestantismus kultiviert wurde und im 16. und 17. Jahrhundert die Ursache der schauderhaften Hexenverbrennungen war, ist älteren „heidnischen" Religionen entnommen.

Der Glaube an das Fortleben nach dem Tode ist eine nichts weniger als christliche Idee. Dieser Glaube war vorhanden bei allen auf höherer Kulturstufe stehenden Völkern des Alterthums und er ist vom Christenthum nur aufgenommen und nach seiner Weise zubereitet und ausgebildet worden. Der Glaube an ein Leben nach dem Tode bestand bereits bei den alten Griechen (siehe die Gesänge Homers), ebenso bei den alten Deutschen (das Fortleben in Wallhall) und er wurde seit Sokrates von der griechischen Philosophie mit dem Eingottglauben, im Gegensatz zur Vielgötterei der Menge, kultiviert. Aehnliches gilt in Bezug auf das sogenannte Weltgericht oder den „jüngsten Tag", der in den „heiligen" Schriften der Perser *lange vor Christi Geburt* bereits Erwähnung fndet.

Die Erlösung der Menschheit durch einen Gesandten des höchsten Wesens, wie dieselbe im Christenthum dem Stifter desselben zugeschrieben wird, ist ebenfalls keine christliche Besonderheit; sie wurde von Buddha im 4. Jahrhundert vor Christi, ebenso von Zoroaster gelehrt und selbst Sokrates deutet auf sie hin.

Wie hier bereits die wichtigsten Dogmen und Gebräuche, auf denen das Christenthum beruht, einfach als aus dem „Heidenthum" herübergenommen nachgewiesen sind, so kann Gleiches mit den Formen des christlichen, speziell des katholischen Gottesdienstes geschehen. Ueberall zeigt sich die Nachahmung des „Heidenthums", fast nirgends findet sich die Spur von selbständigen, originalen Ideen. Der Opfertisch der Griechen und Römer, die alle diese Einrichtungen wieder dem Egypterthum entnommen hatten, wurde der *christliche Altar*, der Rednerstuhl wurde die *christliche Kanzel*; Farben und Formen der Priesterkleider sind wesentlich dieselben wie bei den Priestern der alten Egypter. Die Farben des egyptischen Tag=Osiris, roth und weiß, und die langen Röcke der unbehosten Egypter werden noch heute von den christlichen Priestern der verschiedenen Konfessionen getragen; der Krummstab des richtenden Osiris ging über in den *Krummstab des christlichen Bischofs*; aus der gehörnten Kopfbedeckung der Priester des Nacht=Osiris wurden die christlichen Priesterhüte und sogar die Tonsur der katholischen Priester ist dem egyptischen Gottesdienst entnommen, sie versinnbildlichte das *Bild des strahlenden Sonnengottes Osiris*. Weihwasser, Räucherungen und Salben, der *Kelch*, die Musik, der Gesang, das Niederknien zum Gebet, die Verbeugung vor dem Allerheiligsten, die Wechselgesänge und Reden zwischen Priester und Gemeinde – also alles Formen und Gebräuche, die heute noch, namentlich in der katholischen Kirche, eine so große Rolle spielen, sind *ohne Ausnahme dem heidnischen egyptischen Gottesdienste* entlehnt.

Ebenso ward das Geburtsfest des Sonnenkindes, zur Zeit der kürzeste Tag, *umgewandelt in den Geburtstag Jesu*. Das Fest des altsemitischen Feuergottes im Sommer ward *christliches Johannisfest*; das syrische Herbstfest, bei den Juden Laubhütten, ward Michaelisfest; daß ferner das Julfest der Germanen sich mit dem Geburtsfeste des Sonnenkindes der Egypter, der späteren christlichen Weihnacht, deckt, ist ebenfalls bekannt.

Die Aehnlichkeit heidnischer und christlicher Religionssitten geht noch weiter. Die bildliche Darstellung des Sonnengottes der Egypter entsprach genau der *späteren bildlichen Darstellung* des *christlichen Jesu*. Das geneigte Haupt, das wallende Haar, das milde Antlitz, der Strahlenkreis um das Haupt und die segenspendenden Hände waren bei jenem wie bei diesem. Isis, die Himmelsgöttin der Egypter, mit dem Sonnenkinde entsprach genau der christlichen Mutter=Gottes mit Strahlen= oder Sternenkranz und dem Christuskinde auf dem Arme oder im Schoß. Trifft man doch noch heute in Süddeutschland in einzelnen Gegenden die Mutter=Gottes als Mohrin dargestellt, ein Beweis für die Verwandtschaft mit egyptisch=afrikanischer Anschauungsweise.

Wie die christlichen Lehren nichts Anderes als die Quintessenz der philosophischen Anschauungen des Alterthums seit Sokrates und Plato sind, so sind seine gottesdienstlichen Formen, wie sie heute noch namentlich im Katholizismus geübt werden, heidnischen gottesdienstlichen Gebräuchen und Symbolen entnommen. Das Christenthum ist also nichts Anderes wie jede andere Religion auch, es bildet den geistigen Niederschlag einer vorgeschrittenen Kulturperiode, für welche die alten bis dahin geltenden Religionen überwunden waren. Es ist *Menschenwerk*, nichts mehr und nichts weniger, das sich entwickelte und gestaltete, je nachdem die Sitten, Gewohnheiten und die alten Religionen eines Volkes, unter denen es sich Bahn brach, es nothwendig machten. In Armenien wurde der Haupttempel der Mondgöttin Artemis durch Beseitigung ihrer Bildsäule in eine Christentempel umgeschaffen, in Ephesus wurde der heidnische Dianentempel dem Sankt Johannis geweiht und noch heutigen Tages wird in der Peterskirche in Rom einem *bronzenen Jupiter* der Fuß geküßt, *von dem die Geistlichkeit behauptet, er stelle den heiligen Petrus vor.*

Man rühmt dem Christenthum nach, daß es sich vor anderen Religionen dadurch auszeichnet, daß es den Eingottglauben einführte – der eine Gott, der als wieder in sich eine Dreiheit vereinigt und umgekehrt – eine für den gesunden Menschenverstand unfaßbare Möglichkeit. Aber auch das ist nur Mythe. Bei den Juden war schon 500 Jahre vor Christi die heilige Dreieinigkeit im einigen Gott vereinigt, und derselbe Glaube war viele Jahrhunderte vor Christi bei den Egyptern vorhanden. In den Religionen der heidnischen Inder und Egypter ist jedes christliche Dogma, jeder christliche Kirchengebrauch Jahrhunderte lang vor Christi Geburt schon in Uebung gewesen, so daß man mit vollem Rechte sagen kann, das Christenthum ist der *Abklatsch* der Religionen dieser beiden ältesten Kulturländer.

Wie nun Dogmen und Gebräuche der christlichen Kirche nach dieser hier gegebenen Darstellung nicht „Gottes Werk", sondern der Menschen Werk sind, so auch die Schrift, auf welche das Christenthum sich stützt.

Die Bibel ist als kulturhistorisches Werk von großer Bedeutung, nur ist sie auf ihren kulturhistorischen Werth bis heute noch verhältnismäßig wenig geprüft worden und als kulturhistorisches Werk wird sie von der Kirche nicht betrachtet, sondern als Werk göttlicher Offenbarung. In letzterer Eigenschaft aber ist sie als ein Buch, das eine zweitausend Jahre alte Kulturentwicklung umfaßt, die verschiedensten Vorgänge schildert und Ueberlieferungen enthält, die von Männern der verschiedensten Zeitalter und von den verschiedensten Standpunkten herrühren, *nothwendig voll der stärksten und unlöslichsten Widersprüche.*

Diese Unklarheiten und Widersprüche der Bibel oder der sogenannten heiligen Schrift sind es, die von jeher zu den verschiedenartigsten Auslegungen führten und innerhalb der christlichen Kirche bis in unser Zeitalter den Grund zu den heftigsten Streitigkeiten und Spaltungen legte. Diese Unklarheiten und Widersprüche würden die katholische wie die evangelische Kirche längst in lauter Sekten aufgelöst haben, wenn nicht die Priester= und die Staatsgewalt gemeinsam Alles aufbieten, die Rechtgläubigkeit an den einmal aufgestellten Lehren mit Gewalt aufrecht zu erhalten.

Darum handelt die katholische Kirche von ihrem Standpunkte aus ganz korrekt, wenn sie das Lesen der Bibel den Laien verbietet. Konnten die Gelehrten über die Deutung des Inhalts der Bibel nicht einig werden, wie sollte das dem einfachen gesunden Menschenverstande möglich sein? Kein Buch in der Welt hat denn mehr Menschen ins Irrenhaus gebracht als die Bibel. Die armen Grübler suchten, was nicht darin stand, und wenn sie glaubten, eine Wahrheit entdeckt zu haben, kam eine andere Stelle und zieh sie des Irrthums.

Die Bibel kann also *nicht* „Gottes Wort" sein, sie ist auch *nicht* von Denen geschrieben, deren Namen sie in der Buch= und Kapitelbezeichnung trägt; die Bibel ist eine Zusammenstellung von Schriften der verschiedensten Männer, die zum größten Theil *dem Namen nach nicht einmal bekannt sind* und in verschiedenen Zeitaltern lebten. Die Zahl der Schriften, die den Anspruch erhoben, als echte und lautere Ueberlieferungen des Lebens und der Lehre Christi angesehen zu werden, war eine sehr große. Es entstanden daher in den ersten Jahrhunderten unserer Zeitrechnung die heftigsten Streitigkeiten und Kämpfe über die Echtheit und den Werth derselben. Nur nach und nach war es den verschiedenen Kirchenversammlungen möglich, eine Einheit zu schaffen, indem sie, ohne Rücksicht auf Echtheit und Unechtheit, eine Menge dieser Schriften, die in die neuen Verhältnisse nicht paßten oder anderen, die man aufgenommen sehen wollte, widersprachen, unterdrückten, beseitigten oder mehrere unter einem gemeinsamen Titel vereinigten. So kam nach jahrhundertelangem Streit und Kampf die Bibel als „unfehlbares Glaubensbuch" und „Gottes Wort" zu Stande, an deren Wahrhaftigkeit und Richtigkeit zu zweifeln vor noch nicht langer Zeit selbst von Staatswegen als Kardinalverbrechen galt.

Genaue Forschungen haben ergeben, daß *keine einzige* der vorhandenen Abschriften von den Evangelien und Apostelbriefen älter ist als das 4. Jahrhundert nach Christi. Man fand, daß viele wichtige Stellen des Alten und des Neuen Testaments *Einschaltungen* sind, die von beliebigen Verfassern beliebig eingeschoben und von der leitenden Priesterschaft nach Wunsch und Interesse ausgelegt und dem gläubigen Volke als „Gottes Wort" gepredigt werden. Die Vergleichung aller vorhandenen Handschriften der Bibel hat mehr als 50,000 *Abweichungen ergeben*, von denen sehr viele den bezüglichen Stellen einen wesentlich anderen Sinn geben, aber trotz alledem ist die Bibel „Gottes Wort", an dem nicht gerührt und getastet werden soll.

Sie werden zugeben, Herr Kaplan, daß, wenn alle philosophischen Systeme den Glauben an die Göttlichkeit des Christenthums nicht sollen erschüttern können, derartige historisch und wissenschaftlich feststehende Thatsachen geeignet sind, das gläubigste Gemüth ins Schwanken zu bringen. Sie werden daher nach dem bis hierher Ausgeführten sich auch nicht wundern, wenn ich mich nicht nur als Gegner des Katholizismus, sondern als Gegner *jeder* Religion bekenne.

Die Religion ist, wie schon oben ausgeführt, das Produkt des Kulturzustandes eines Volkes oder einer Reihe auf gleicher Kulturstufe stehender Völker. Selbst ein und dieselbe Religion wird innerhalb verschiedener Völker eine ganz verschiedene Bedeutung haben, wenn der Kulturgrad und die geistigen Entwickelungsbedingungen verschieden sind. Der Katholizismus Spaniens ist wesentlich anders gefärbt wie jener Frankreichs, und so ist auch die protestantische Auffassung Englands und des protestantisch gesinnten Deutschlands eine verschiedene. Außerdem wirkt die steigende Kultur auch verändernd auf die Religion. Die frömmsten Christen des 19. Jahrhunderts ziehen Vieles in Zweifel, an das die Christen des 15. Jahrhunderts felsenfest glaubten. Welche Rolle spielte z. B. der Teufels= und Hexenglaube des 16. und 17. Jahrhunderts.

Die Dogmen und Glaubenssätze werden aber immer mehr erschüttert, je mehr die Errungenschaften der Naturwissenschaften und die kulturgeschichtlichen Forschungen immer weiteren Kreisen der Menschen bekannt werden. Die Kenntniß der Entwickelung unserer Erde zerstört die Schöpfungsmythen der Bibel, die astronomischen Forschungen und Entdeckungen zeigen uns, daß das Weltall keinen Himmel kennt und daß die Millionen von Sterne ohne Ausnahme Weltkörper sind, die jedes Engel= und jedes „Seligen"=Leben ausschließen.

Es ist also wohl zur Genüge nachgewiesen, daß das Christenthum weder das „Beste" noch das „Vollkommenste" ist, sondern nicht besser und vollkommener ist wie andere Religionen auch, d. h. mangelhaft und unvollkommen. Seine Beseitigung vom Standpunkte des Fortschritts der Menschheit ist eine Nothwendigkeit. Aber die Moral des Christenthums! rufen Sie aus. Die Moral hat weder mit dem Christenthum noch mit der Religion überhaupt etwas zu schaffen; die Moral ist nach dem jeweiligen Kulturzustand der Völker verschieden. Bei allen Völkern haben sich bestimmte Regeln über die Beziehungen von Mensch zu Mensch herausgebildet, deren Aufrechterhaltung im Interesse Aller als allgemein nothwendig anerkannt wird. Keine Gesellschaft kann ohne solche Regeln bestehen; ihre Uebertretung gilt als unmoralisch und wird oft blos durch die Kundgabe von Unzufriedenheit von Seiten Dritter, oft aber auch noch durch materielle und physische Strafen, welche die die Gesellschaft vertretende Autorität vollzieht, an dem Uebelthäter heimgesucht. Wie verschieden selbst innerhalb der katholischen Kirche gewisse Einrichtungen beurtheilt, von dem einen Theil als moralisch und in der Ordnung, von dem andern als unmoralisch und darum verabscheuungswürdig angesehen werden, mögen zwei Beispiele zeigen. Daß eine Ehe auch ohne priesterlichen Segen ihre volle Giltigkeit habe, findet der katholische Franzose ganz in der Ordnung, der fromme katholische Deutsche betrachtet sie als Konkubinat, also etwas sehr Unmoralisches. Die absolute Trennung der Kirche vom Staat findet der katholische Nordamerikaner selbstverständlich, viele deutsche Katholiken sehen sie als eine schmähliche Preisgabe der Kirche Seitens des Staates an. Die Gebote der Nächstenliebe aber, die Gebote der allgemeinen Menschenliebe, der gegenseitigen Duldung, diese Lehren sind ohne Ausnahme im Buddhismus wie im Muhamedismus enthalten; sie sind bei allen Völkern von einiger Kultur anerkannt und werden bei Indern, Chinesen, Persern und Arabern auch mehr praktisch gehandhabt wie im Christenthum, das alle diese schönen Dinge erst für das „künftige" Leben durchführen will. Die Religion der Liebe, die christliche, ist seit mehr als 18 Jahrhunderten gegen alle Andersdenkenden eine Religion des *Hasses*, der *Verfolgung*, der *Unterdrückung* gewesen. Keine Religion der Welt hat der Menschheit mehr Blut und Thränen gekostet wie die christliche, keine hat mehr zu Verbrechen der scheußlichsten Art Veranlassung gegeben, und wenn es sich um Krieg und Massenmord handelt, sind die Priester aller christlichen Konfessionen noch heute bereit, ihren Segen zu geben und hebt die Priesterschaft der einen Nation gegen die feindlich ihr gegenüberstehende Nation flehend die Hände um Vernichtung des Gegners zu einem und demselben Gott, *dem Gott der Liebe*, empor.

Wenn heute die Kirche in dem früheren Maße nicht mehr unterdrückt, dann sind nicht die Priester und die Diener der Kirche daran schuld, sondern der allgemeine menschliche Fortschritt, der *trotz* Priester und Kirche und *gegen* Priester und Kirche erkämpft worden ist. Sie sagen, was die Diener der Religion gethan, kann der Religion selbst nicht zum Vorwurf gemacht werden. Ah, Verehrter, wenn die Priester nicht als Ausnahme, sondern *als Regel* von den ältesten Zeiten auf den heutigen Tag nicht auf die Moralgrundsätze der Religion – die, das ist noch einmal zu betonen, mit der Religion selbst durchaus keinen ausschließlichen Zusammenhang hat – achteten, sondern Tag für Tag dagegen sündigen, was ist denn eine solche Religion werth? Die eifrigsten Gläubigen haben aber, wenn sie auch glaubten Gutes zu thun, am *meisten der Menschheit geschadet*, denn sie haben jedes Rütteln an den Dogmen als Ketzerei, jedes Bezweifeln der Grundlagen der Religion als Kardinalverbrechen angesehen und mit Feuer und Schwert dagegen gewüthet. Die Kreuzzüge, die zahllosen Religionsverfolgungen, die Inquisition, die Judenverfolgungen, die Hexenprozesse, in denen Hunderttausende von Menschen dem blinden Wahn geopfert wurden, sind von fanatischen Priestern hervorgerufen und geschürt, von den klugen und kaltblütigen unter ihnen für Ausbreitung der Macht der Kirche – die *ihre* Macht war – und nicht selten des Raubes wegen unterstützt worden.

Das Christenthum ist freiheits= und kulturfeindlich.

Durch seine Lehre vom passiven Gehorsam gegen die „von Gott eingesetzte" Obrigkeit, sein Predigen zur Duldung und Ergebung im Leiden, verknüpft mit dem Hinweis, daß für alle Beschwerden hienieden die Seligkeit im jenseitigen Leben entschädigen werde, hat es die Menschheit von ihrem Zwecke, sich nach allen Richtungen zu vervollkommnen, nach ihrer höchsten Entwickelung zu streben und der gewonnenen Güter sich zu freuen und sie zu genießen, abgezogen. Es hat die Menschheit in der Knechtschaft und Unterdrückung gehalten und ist bis auf den heutigen Tag als vornehmstes Werkzeug politischer und sozialer Ausbeutung benützt worden und hat dazu gedient. Nach dem Sturz der griechischen und römischen Kultur hat das Christenthum mehr als tausend Jahre in Europa geherrscht und die dickste Unwissenheit und Barbarei lastete auf den Völkern. Spanien, das unter der Herrschaft der „heidnischen" Mauren in Ackerbau, Gewerbe, Künsten und Wissenschaften den höchsten Blüthepunkt erreichte und in Wohlstand schwamm; in dem zu jener Zeit – also unter den heidnischen Mauren oder Arabern – Christen und Juden eine Toleranz genossen, wie sie in unseren modernen Kulturstaaten kaum oder erst seit Kurzem für die Juden besteht, ward, als christliche Waffen die Mauren verdrängten und das Christenthum die Alleinherrschaft hatte, eine Stätte des Fanatismus und religiöser Verfolgungssucht. Die blühendsten Städte und Gegenden wurden verwüstet, der Glanz arabischer Wissenschaft zerstört und das Land auf jenen tiefstehenden Kultur= und Bildungszustand gebracht, aus dem es sich bis heute noch nicht erholt hat. Die Wissenschaft und der Fortschritt, welche im 12. Jahrhundert in Italien, im 15. Jahrhundert auch in Deutschland sich zu regen begannen, waren nicht die Folge des Christenthums, sondern des Studiums der heidnischen altklassischen Literatur, die aus dem Staub und Moder, in dem sie unter der Christenherrschaft gelangt war, hervorgeholt wurde und den kirchlichen Anfechtungen und Verfolgungen zum Trotz in immer weitere Kreise drang und die Menschheit auf die Bahnen des Fortschritts führte. Die Religion war nur Mittel zum Zweck, um die Herrschaft über die Massen auszuüben und mehr und mehr zu befestigen.

Wie weitsehende und berühmte Männer der verschiedensten Zeiten die Religion nur als Mittel zum Zweck – der politischen Herrschaft – betrachteten (Aristoteles, Macchiavelli), habe ich schon in meiner Broschüre erwähnt; es ist nicht überflüssig, Aeußerungen und Thaten einiger kirchlicher Autoritäten gleichfalls anzuführen. Der Bischof Synesius erklärte 410 n. Chr.: „Das Volk will durchaus, daß man es täusche, man kann auf andere Weise garnicht mit ihm verkehren.... Ich meinestheils werde stets Philosoph sein für mich, aber Priester – was in diesem Falle wohl Betrüger hieß – in Bezug auf das Volk." Und ebenso schrieb Gregor von Nazians an Hieronymus: „Es bedarf nichts als Geschwätz, um beim Volke Eindruck zu machen. Je weniger es begreift, desto mehr bewundert es. Unsere Väter und Lehrer haben oft nicht Das gesagt, was sie dachten, sondern was ihnen die Umstände und das Bedürfniß in den Mund legten." Zur Zeit als Papst Julius II. (1475-1513) regierte, existirte am römischen Hofe ein Leben, das an Ausschweifung, Lüderlichkeit und Religionsverspottung das denkbar Mögliche leistete. Als eines Tages aus dem frommen Deutschland große Geldsendungen ankamen, sprach der Papst zu einem seiner Kardinäle die denkwürdigen Worte: „Gelt, Bruder, die Fabel von Jesus Christus ist einträglich." Wie der französische Gesandte die Moral des Papstes Paul III., im 16. Jahrhundert, beurtheilte, geht aus folgender Stelle eines Briefes an seinen Hof hervor: „Der Papst und seine Minister (Kardinäle) haben Euch bisher in jeglicher Weise hintergangen; jetzt suchen sie es durch Heuchelei und Lügen zu decken und eine wahre Niederträchtigkeit daraus zu machen." Papst Paul VI. rief, um gegen die gut katholischen Spanier zu kämpfen, nicht blos die Protestanten zu Hilfe, sondern forderte sogar den „Erbfeind" der Christen, die *Türken*, auf, das spanische Sizilien und Neapel zu überfallen. Papst Alexander VI. lebte mit seiner eigenen Tochter, der berüchtigten Lukretia Borgia, in *Blutschande*. Als er einst sieben Kardinäle bei einem Festmahl vergiften wollte, verstanden diese es, den Koch zu bestechen und ließen ihn nebst seinem Sohn, den er neben der Tochter besaß, obgleich er in Zölibat lebte, vergiften.

Sie bestreiten meine Angabe, daß Staat und Kirche sich jederzeit brüderlich verständigt, wenn es sich um die Ausbeutung des Volkes gehandelt, als richtig, vergessen aber den Beweis zu führen.

Wenn irgend ein Staat verpflichtet war, das Bild eines christlichen Musterstaates zu geben, war es der Kirchenstaat, der unmittelbar unter der Regierung des Papstes und der höchsten Geistlichkeit stand; und welches Bild hat uns der Kirchenstaat bis zum letzten Tage seines Bestandes geliefert? Das traurigste, das in Europa sich auftreiben ließe. Eine schmählich vernachlässigte, in Aberglauben und Unwissenheit versunkene Bevölkerung; die Arbeit geschändet und unterdrückt, dagegen herrschend die unverschämteste Bettelei und die großartigste Massenarmuth. Die Verbrecherstatistik schlimmer wie in irgend einem Staate der Welt, die öffentliche Unsicherheit sprichwörtlich, die Staatsverwaltung die lüderlichste, die existirte, und das Gebot der christlichen Nächstenliebe, das sich doch zunächst in der Toleranz gegen Andersgläubige zeigen müßte, mit Füßen getreten. Das war der christliche Musterstaat. In allen Staaten Europas, wo Vertreter der Kirche, einerlei ob protestantische oder katholische, in der Staatsleitung, in der Volksvertretung ein Wort mitzusprechen haben, überall ist ihr Einfluß auf Zurückhaltung und Stärkung der volksfeindlichen Staatsgewalt bedacht. Und wenn im Augenblick Deutschland in Bezug auf die katholische Priesterschaft eine Ausnahme zu machen scheint, so *scheint* dieses auch nur der Fall zu sein. Eine Politik, wie sie unkluger von keinem Staatsmann der herrschenden Klassen je geführt wurde, hat die katholische Geistlichkeit in die Stellung der Unterdrückten gebracht, und diese Stellung einzig und allein ist es, welche sie veranlaßt, heute Forderungen zu vertreten, die sie in der umgekehrten Lage nimmer stellen oder gutheißen würde. Welche Stellung die Leiter und bewußten Vertreter des Katholizismus – denn die Geleiteten wie die unklaren Köpfe kommen nicht in Betracht – vor wenig Jahren noch in Bayern, in Preußen und anderwärts einnahmen, ist hinlänglich bekannt, sie standen stets auf der Rechten, der *äußersten Rechten* sogar, wie dies im Augenblick thatsächlich noch in Oesterreich und namentlich auch in Frankreich der Fall ist und in Deutschland in Bälde wieder sein wird.[3] Darüber täuschen wir uns also nicht. Kann es denn anders sein? Der Fortschritt der Menschheit bedingt, daß allem Vorrecht und aller Herrschaft der Krieg erklärt wird; die Kirche übt eine nicht geringere Herrschaft auf das Volk aus wie der Staat. Auf der Autorität und dem blinden Glauben beruhend, muß sie Alles bekämpfen, was diese zu untergraben trachtet, also das Wissen und die Bildung, wie sie der Sozialismus erstrebt. Der Sozialismus, der das reine Volks= und Menschenthum ist, welcher die Moralgesetze, welche die Kirche seit 18 Jahrhunderten kaum mehr als Aushängeschild für die Unterdrückung und Ausbeutung der Massen gedient haben, in der Wirklichkeit zur Geltung bringen will; der die allgemeine Gleichheit, die allgemeine Menschenliebe, das allgemeine Glück nicht verwirklichen will, weil ein Buddha, ein Jesus, ein Muhamed es gepredigt, sondern weil es Ziele und Ideale sind, nach denen die Menschheit unter allen Zonen, allen Staats=, allen Religionsverfassungen bewußt oder instinktiv zugestrebt hat und denen sie zugestrebt haben würde, wenn es auch keinen Buddha, keinen Christus, keinen Muhamed gegeben hätte. Diese haben vielmehr, indem sie die Erde als

---

3  Ist seitdem im vollständigsten Maße eingetreten.

ein Jammerthal darstellten, die Entbehrung und Enthaltsamkeit predigten und die Menschheit auf ein *künftiges* Leben verwiesen, für dessen Existenz keine Beweise vorhanden sind und keine beigebracht werden können, weil seine Existenz unmöglich ist, dem menschlichen Streben die schlimmsten Fesseln angelegt und den menschlichen Fortschritt gehemmt.

Das Gute, das während der Herrschaft des Christenthums entstanden, *gehört ihm nicht*, und das viele Ueble und Schlimme, das es gebracht, das *wollen wir nicht*, das ist mit zwei Worten unser Standpunkt.

Und nun werden Sie vielleicht einsehen, Herr Kaplan, wie himmelweit verschieden unser Streben von dem des Christenthums ist. Ihre Bischöfe, Ihre Domherren, Ihre Grafen, Barone und Bourgeois, die als Leiter an der Spitze der katholischen Bewegung stehen, das sind nicht unsere Männer; die wollen die Gleichheit und das Glück der Menschen nicht, denn sonst müßten sie ihre bevorrechtete Stellung, wenn nicht aufgeben, so doch benutzen, um der von ihnen angeblich erstrebten Wohlfahrt der Menschen zum Siege zu verhelfen. Aber sie sind die Hauptvertheidiger der Vorrechte, der Standes= und Klassenherrschaft, sie wollen nicht die Gerechtigkeit, sondern die Mildthätigkeit, nicht die Gleichheit, sondern die demüthige Unterwerfung, nicht das Wissen, sondern den Glauben. Und während das Volk nach menschenwürdiger Existenz und dem Ertrage seiner Mühe und Arbeit strebt und verlangt, predigen sie ihm die Zufriedenheit und vertrösten es auf den Himmel, sie selbst aber leben in Herrlichkeit und Freude und genießen die Früchte der Arbeit Anderer. Das katholische Volk, das sich müht, sorgt und arbeitet, das bisher diesen Männern folgte, das gehört zu uns und dieses hoffen wir eines Tages noch, wenn auch ihm die Augen aufgehen, auf unsere Seite zu ziehen. Treten dann die ausgebeuteten und unterdrückten niederen Geistlichen, deren Proletarier=Stellung Sie so vortrefflich schildern, mit in unsere Reihen, gut, sie sollen uns willkommen sein; sie werden dann finden, daß das ideale Streben, das sie vergeblich in ihrer Kirche zu verwirklichen suchten, in unseren Reihen und durch uns verwirklicht wird und daß wir eine bessere Aufgabe für sie haben als die Verrichtung leerer Formeln einer Religion, die bisher nur, wie jede andere, ein Hemmschuh des wahren Fortschritts der Menschheit war. Sie, Herr Kaplan, sind schlechter gestellt, nach Ihrem eigenen Geständniß als ein Lakai oder eine Kammerjungfer und führen ein Leben wie der niedrigste Proletarier; der Bischof aber lebt wie ein großer Herr und bezieht die Einkünfte und Ehren eines solchen. Will das Christenthum, wie Sie sagen, dasselbe wie der Sozialismus, wie kann es dann ein solches System der Standesunterschiede und der Ungleichheit aufrecht erhalten und als „von Gott geschaffene Einrichtung" vertheidigen? Kann eine solche Religion unsere Achtung und unsern Beifall finden? Oder muthen Sie uns zu, daß wir auf die allgemeine Wohlfahrt und das möglichst hohe Glück aller Menschen warten sollen, bis eine Religion, die seit bald 19 Jahrhunderten besteht und bis heute nicht einmal ihre eigenen Priester zu ihren angeblichen Grundsätzen bekehrt hat, es uns bringt? Da könnten wir bis in alle Ewigkeit warten, und das menschliche Leben ist kurz. Nein, nein! Suchen Sie doch so eifrig zwischen der Kirche und „einzelnen" ihrer Diener einen Unterschied zu machen, es wird und kann Ihnen nicht gelingen. Was Sie als Ausnahme hinzustellen suchen, ist Regel und Prinzip, und Ihre Regel die Ausnahme. Sie wissen aber, daß die Ausnahme nie die Regel aufhebt.

Es ist mir also nicht möglich, Ihrer Ansicht mich anzuschließen, wonach das Christenthum dasselbe erstreben soll wie der Sozialismus. Christenthum und Sozialismus stehen sich gegenüber wie Feuer und Wasser. Der sogenannte gute Kern im Christenthum, den Sie, aber ich nicht darin finde, ist nicht christlich, sondern allgemein menschlich, und was das Christenthum eigentlich bildet, der Lehren=

und Dogenkram, ist der Menschheit feindlich. Ich überlasse es Ihnen, wie Sie sich in diesem Widerspruch Ihrer Theorie mit der Praxis zurecht finden wollen.

Der Verfasser der Broschüre:

„Die parlamentarische Thätigkeit des deutschen Reichstages und der Landtage und die Sozialdemokratie."

*Leipzig*, im Februar 1874.